कुछ कहता है ये मन

मंजु कपूर

Made with ♥ on the Notion Press Platform
www.notionpress.com

सादर समर्पित

परम श्रद्धेय मेरे पति श्री जस्टिस शंकर नाथ कपूर जी की स्मृतियों को समर्पित।

मंजु कपूर

क्रम-सूची

क्रम-सूची

क्रम-सूची

Special Note By Mr. A B Shukla

संस्कृति मंत्रालय
MINISTRY OF CULTURE

प्रो. आर्यभूषण शुक्ल
विभागाध्यक्ष
Prof. Arya Bhushan Shukla
HoD
Tel. : 011-23466374
Email : prfbvpignca@gmail.com

इन्दिरा गान्धी राष्ट्रीय कला केन्द्र
भारत-विद्या-प्रयोजना विभाग
Indira Gandhi National Centre for the Arts
Bharat Vidya Prayojana Division
Janpath, Near Western Court
New Delhi -110001
* Website: www.ignca.gov.in

दिनांक 29-8-2023

मुझे श्रीमती मंजु कपूर जी की पुस्तक को पढ़ने का अवसर प्राप्त हुआ । यह पुस्तक एक ऐसी सार-गर्भित कविताओं का संग्रह है जो मनोबल को ऊंचा करने और जीवन की भूली-बिसरी यादों को तरो-ताजा करने का प्रयास करती है। श्रीमति मंजु कपूर ने इस पुस्तक के माध्यम से अपने विचारों को सजीव रूप में प्रस्तुत किया है।

मंजु जी ने प्रस्तुत पुस्तक में विभिन्न विषयों पर अपने विचारों का संकलन किया है, जिनमे समाज, संवाद, रोजमर्रो की जिंदगी और प्रेरणा जैसे विषय सम्मिलित हैं। कविताओं के मध्यम से लेखिका ने अपने व्यक्तिगत अनुभवों और विचारों को साझा किया है जो उन्होंने अपने जीवन के प्रत्येक पड़ाव में प्राप्त किये हैं ।

आपकी कविताओं में भोगा हुआ यथार्थ दिखाता है। भाषाशैली न केवल सरस एवं सरल है, अपितु अत्यन्त सारगर्भित भी है। जीवन की अत्यन्त परिपक्वता से प्राप्त हुआ दर्शन इन कविताओं में स्पष्ट परिलक्षित होता है। स्मृतियां, कुछ खट्टी-कुछ मीठी यादें, कुछ-कुछ बचपन तथा कुछ गंभीर दर्शन इन कविताओं में एक साथ देखा जा सकता है। उनकी निम्नलिखित पंक्तियां उनकी इस पुस्तक और उनके दर्शन दोनों का ही प्रतिनिधित्व करती हैं -

सारी उमर बिता दी ,जलती दोपहरी की धूप में ।

अब कैसे भी बादल छायें , मन सरसे किस रूप में ।

मुझे पूरा विश्वास है कि ये कवितायें न केवल युवाओं को अपितु प्रत्येक उम्र के व्यक्तियों की सामान पसंद आएंगी ।क्योकि शास्त्र का कथन है -

पृथ्वियां त्रीणि रत्नानि जलमन्नं सुभाषितम्।

मूढ़ैः पाषाणखण्डेषु रत्नसंज्ञा विधीयते॥

अर्थात इस धरती पर तीन रत्न है- जल, अन्न और शुभ वाणी (कवितायें)। किन्तु मूर्ख लोग पत्थर के टुकड़ो को रत्न की संज्ञा देते हैं। अतः आशा करते हैं कि कविता रूपी इस रत्न को सुधी पाठक हृदय से लगायेंगे ।

(प्रो. आर्यभूषण शुक्ल)

संक्षिप्त परिचय

नाम: श्रीमती मंजु कपूर

जन्म: 1अगस्त 1945

जन्मस्थान: शाहजहाँपुर (उत्तर प्रदेश)

शिक्षा: बी. ए.
    विद्यार्थी जीवन से ही लिखने का शौक। अंतर्मुखी संकोची स्वभाववश विचारों को अन्दर ही समेटे हुए।
    एक बार मार्मिक अनुभूतियों का सागर उमड़ा तो लिखने को प्रेरित। यह मेरा प्रथम कविता संग्रह है।

स्थायीपता: ए. 503 प्रियदर्शिनी अपार्टमेंट
    पटपरगंज, दिल्ली, 110092

संपर्क: 9873405595/ 9899191119

1. मेला

मेले में भटके होते तो
कोई घर पहुंचा जाता,
रहे भटकते पर में कैसे
ठौर ठिकाना मिल पाये।
सूरज चाँद चमकते निशदिन,
तारे लुकछिप हँसते हैं।
रात दिवस प्रहरी से जगकर,
मिलते और बिछड़ते हैं।
कैसे बीता एक-एक पल,
क्या पाया अँधियारे ने ।
घात और प्रतिघात बिखरते,
देखे बस उजियारे ने ।
चौखट ड्योढ़ी द्वार सभी को
भूलभुलैया में खोये,
साध रही अपनेपन का
कोई कोना तो मिल पाये ।
मेले में भटके.....!
सपनों के आँगन में बिखरे,
अँधियारे से सहमे हम ।
मुस्कानों के तीर झेलते,
घायल खड़े अकेले हम ।
सारी उमर बिता दी जलती,
दोपहरी की धूप में ।
अब कैसे भी बादल छायें,
मन सरसे किस रूप में ।
जला कहीं कुछ धुआँ
अभी तक पर फैलाये घूम रहा,
कहाँ मिले उजियाला जिससे
यह कल्मषता धुल जाये ।

मेले में भटके....!
कोई कहीं मल्हार सुनाये,
कोई विरह गाता है ।
ऊँचे महल अटारी सबसे,
लगता कहीं न नाता है ।
कैसी कथनी, कैसी करनी,
नियमों से ऊबा है मन
राह-सह कर अन्याय न्याय
की बातें क्या कर पाये हम !
अंगुली पकड़े चले अभी तक,
शायद यह कमजोरी थी,
वरना किसकी हिम्मत थी
जो सारा जीवन भरमाये ।
मेले में भटके....

2. श्रेय

हौसले बुलन्द हों तो
कुछ भी मुश्किल नहीं
श्रेय नाम को सार्थक करता
अपना लक्ष्य बना लेना
इतना भी आसान नहीं था
तू अपनी माँ का साहस है
अभिमान है, सम्मान है
मेरा प्यार है, दुलार है
बड़ा है घर का चिराग है
आगे क्या लिखूँ तेरे लिए
तू प्रेरणा है सब के लिए
शुभ हो मंगल कारक हो
जन्मदिन तुम्हें मुबारक हो।
प्रिय चिरंजीव श्रेय को ढेर सारा प्यार व आशिर्वाद आगे
बढ़ते रहने की शुभ कामनाओं सहित
तुम्हारी नानी
मंजू कपूर

3. प्रत्यूष - सूर्य की पहली किरण

सूर्य की पहली किरण खिलते
सुमन स्वागत तुम्हारा।
चहचहाती गुनगुनाती सुबह
अभिनन्दन तुम्हारा
चुनमुन करती चूँ-चूँ करती
मुँह में दाना पानी लेकर !
जब चिड़ियाँ खिड़की पर आती
हँस कर, रोकर कुछ मुस्का कर ।
भोली आँखों में सपने भर
तुम उनका स्वागत करते हो।
मिट्टी की नई सुगन्ध लिए
आने वाले नव स्वप्नों की ।
उम्मीदों का संसार लिए
अपने ही स्वप्नों में खोए
जब-जब भी तुम मुस्कराते हो
मैं पकड़ वक्त को मुट्ठी में
हर ओर सैर कर आती हूँ।
प्रिय चिरंजीव प्रत्यूष को उसकी प्रथम जन्म दिन नाना-
नानी
का ढेर सारा प्यार व आर्शिवाद सहित शुभ-कामनाएं ।

4. आर्शिवाद

नई सुबह का नया सूर्य
नया उजाला लाया है।
उन्नति के पथ पर चलने का
नया मनोबल लाया है।
आसमान भी झुक कर
तेरी राहों को शीतल कर दे
धूल गुबार हटे तुझ पर से
मौसम की शीतल छाया हो
कर्मठ हो तू जीवन पथ की
बागडोर थामे रखना
जिस पथ पर भी चले
सभी की तुझ पर ममता माया हो
नव संकल्प मनोरथ तेरा
सदा-सदा ही साथ रहे
सफल रहे तू कठिनाई का
कमी न तुम पर साया हो
बलिहारी तेरे आने वाले कल पर
कभी किसी की नजर न लगे
ऐसी प्रभु की माया हो
एक-एक पल तेरा शुभ
कामनाओं से भरा रहे
जीवन हो शत वर्ष का
हर दिन मंगलमय हो।
प्रिय चिरंजीव प्रत्यूष को उसके दसवें जन्मदिन पर ढेर
सारा प्यार व आर्शिवाद आगे बढ़ते रहने की शुभ कामनाओं
सहित नाना-नानी का ढेर सारा प्यार।

5. आर्शिवाद प्रत्यूष

कदम-कदम पर मिले सफलता
डगर-डगर उत्थान मिले ।
सूरज रोज संवारे दिन को
चाँद मधुर सपने लाए ।
हर पल समय दुलारे तुमको
सदियों तक पहचान मिले
हो पूरी दिल की हर ख्वाहिश
और मिले खुशियों का जहाँ ।
समृद्धि का सूर्य उदय हो
सुख सम्पदा प्रदान करे
शुभ हो मंगल कारक हो
जन्मदिन तुम्हें मुबारक हो
प्रिय चिरंजीव प्रत्यूष को उसके बारहवें जन्मदिन पर
ढेर सारा प्यार व आर्शिवाद , आगे बढ़ते रहने को
शुभकामनाओं सहित नाना-नानी का ढेर सारा प्यार ।

6. उजाला

हम तो खुद अपने दिए,
आप जलाया करते,
चाँद तारों से
उजाला नहीं माँगा करते ।
छाँव सपनों की हमें
दूर तक ले जाएगी
अजनबी राह से
साया नहीं मांगा करते!
प्यार के दरिया में
डूबे हुए हर लम्हे को
हँस के पीते हैं
प्याला नहीं मांगा करते ।
हमको मालूम है मुश्किल है
मंजिल का सफर
वक्त की बात है
इस पर नहीं रोया करते।
आगे मिल जाए कहीं
कोई रोशनी की किरण,
सुबह बीती है,
शाम ढल गयी रात आयेगी।
जिन्दगी ऐसे तो
यूँ ही नहीं जाया करते
"चलो ऐसे जैसे भी
कटती है कट जाएगी।
उम्र के छोर पर शिकवे
नहीं रोया करते।

7. मजदूर दिवस पर

बहते हुए पानी-सी है ज़िंदगी,
आज मई का पहला दिन है,
मज़दूरों का 'मजदूर दिवस'
शायद इनको पता नहीं,
कैसे मनाते इस शुभ दिन को।
महल-दुमहले बनाकर,
खुद सो जाते हैं फुटपाथों पर,
कोई इनकी कुंडली बांचें
पर कुंडली कहाँ से लाएं?
ऊपर वाले ने कर्ज चुकाने,
भेजा है इन्हें धरती पर।
न धरती इनकी न अम्बर,
ये सजी नक्काशीदार इमारतें
ही उनकी पहचान हैं।
बाहर से ताकतें
बन जाने के बाद,
अंदर प्रवेश वर्जित है,
क्योंकि अंदर का भी टिकट है।
मेहनत ही इनका धर्म है,
देने को कुछ है भी नहीं,
ये दिखाई नहीं दिया करते,
खड़ी करते हैं जो इमारतें,
ज़मीन में जो दब गए हैं,
इमारत खड़ी हैं उन्हीं पर।
मैं मजदूर हूँ दिन भर मेहनत कर,
आराम से नींद आती है कहीं भी,
क्योंकि मैं मजदूर हूँ।

8. मौन की भाषा

मौन उस समय की तरह है,
जैसे न बोल सकने पर भी,
बोलने का अभ्यास करना,
एक व्यक्ति जो भावों को,
समझ तो सकता है पर,
व्यक्त नहीं कर सकता,
क्यों क्या और कैसे में उलझा,
जिंदगी को समेटने की आहट,
जिंदगी को बताने का एहसास,
कि वह जिंदा है,
शाम एक मीठे पन का एहसास है,
इसे एक बीमार व्यक्ति महसूस
बड़ी शिद्दत से कर सकता है,
पर शब्दों में बयां नहीं कर सकता,
रात एक लंबी सिसकी है,
अकेलापन जैसे दम घुटता है,
एक ऐसी लंबी चादर है,
हताशा एक ऐसी घुटन है,
जिससे दम घुटता है,
भूली बिसरी बातें हीं याद दिला देती है,
कैलेंडर की बदलती तारीखें रोज,
जिंदगी का सच बता जाती है।

9. कुछ हम कहते, कुछ तुम कहते

कुछ तुम कहते, कुछ हम कहते
कुछ तुम सुनते ,कुछ हम सुनते ।
मौन संवाद, मौन अहसास
बिना कहे ही एक दूसरे को समझ जाना ।
क्या चाहिए, क्यों, कितना, कैसे
में ही जब जिन्दगी सिमट जाए
किसी की याद जिन्दगी में
कभी खत्म नहीं होती,
उसका खुद से सामना होता है,
अकेलेपन में अपने को समझाना,
जिन्दगी के हर पन्ने को मोड़ते गए,
हमने पानी पर लिखा,
जो भी लिखा हवा की तरह
होते सम्बन्ध जिनके बिना
हम जी नहीं सकते।

10. बेटियाँ

आज बेटियों इतना साहस करना होगा।
पापा की परी मत बनना
सबको जोड़ते, मनाते ही
बीत जाएगा सारा जीवन
दुर्गा बनना गान्धारी मत बनना
छुई-मुई का पौधा मत बनना
हक मांगने से नहीं मिलता
छीनना पड़ता है जबरदस्ती
सजती संवरती नहीं
संघर्ष करत बनो
बेटियाँ शुभकामनाएं हैं
बेटियाँ पवित्र दुआएं है
बेटियाँ बंदनाएँ है
जिनमें भगवान बसता है
बेटियाँ जल की धाराएं हैं
बेटियाँ मेरे आँसू का स्वाद हैं
क्योंकि बेटियाँ बेटियाँ हैं

11. मन की दीवारे

दीवारों के अन्दर रह कर
भी हैं मन की दीवारे।
कहीं भटकते दुर्गम पथ है
सांसों के गलियारों में।
देखे विश्वासों के सपने
खो जाते अंधियारों में।
धुआं-धुआँ वन आग पिघलती
धुंधलाती बाती तन की
सागर जीवन कितना गहरा
यादें सीपी में मोती
लहर फंसे ज्यो भंवर
बीच व्याकुल छाया कण-कण की
तल कंकड पत्थर से छन
लहराती तट को धोती
सागर की लहरों पर हलचल
मन का पंछी कैद कही
कैसे खोले बन्द पड़े है
सारे खिड़की दरवाजे

12. चाय

मशीन की तरह रही है मेरी जिन्दगी
चाय की गर्म प्याली और अख़बार
न जल्दी कहीं जाने की,
न कोई काम
अपना अतीत भूलती,
चलती-फिरती मशीन।
बच्चों में ढूंढती सारी खुशियाँ अपनी
परेशान नजरें घूमती है चारों ओर
ढूंढ़ती अपनी पुरानी यादें शायद
कहीं छिपी हो किसी कोने में
बालकनी में चाय के कप के साथ बैठी
धीरे-धीरे पीती सोंचती अब सारी
जिम्मेदारियों से मुक्त हूँ शायद
ऊपर वाले ने ऐसा लिखा होगा
चाय का स्वाद भी
मौंसम की तरह बदलता
सर्दी में अदरक, तुलसी पत्ती की
महक से भरी चाय
गरमी की चाय का स्वाद अलग
मन को सुकून देता।
कभी मिलो चाय पर तुम भी
तुम बस कहना
हम सब चुपचाप से सुनेंगे

13. शीतल हवाएँ

क्यों सताती हैं मुझे शीतल हवाएँ ।
घर के हर कोने में
दीवारों के हर झरोखों में
किताबों के पन्नों में
तकिए के हर मोड़ पर
हर एक छोर पर
रास्ते के हर मोड़ पर
मोड़ के हर कोने पर
टूटी हुई कलम में
पेन की इंक में
तुम मुझे पाओगे
सूना घर सूनी दीवारें
खुशियाँ ढूंढती शायद छिपी हो
यहीं कहीं हर ओर कोने में
एक अजब सा खालीपन
याद बार-बार आती हैं
कुछ टूटती कुछ कहती
शायद खालीपन भरती
ये शीतल हवाएँ

14. गुब्बारे

गुब्बारे बेचता एक व्यक्ति
रंग-बिरंगे रंगों में हवा
से भरे वह गुब्बारे,
वह गुब्बारे नहीं सांसों से
भरे अपने अरमान बेचता है
वो अपने सपने बेचता है
भीषण गर्मी हो या सर्दी
बार-बार कहना बच्चों
के लिए गुब्बारे ले लो
पेट जो पालना है उसे
अपने बच्चों का
गुब्बारे नए-नए आकार में
बड़े-छोटे, लम्बे-मोटे, गोल
अपनी अलग पहचान बताते ।

15. चकित है हम, भ्रमित है हम

कैसे उगते चाँद सितारे
कहाँ से सूरज आता है।
कैसे सुन्दर फूल सजे हैं
रंग अलग है महक अलग।
छोटे-छोटे ख्वाब हमारे
कैसे चंदा को पा ले।
छोटी मुट्ठी में हम अपनी
कैसे इनको बन्द करें।
चुन्नू मुन्नू, गोलू, भोलू को
कुछ समझ न आता है।
रंग-बिरंगी तितली भौंरे
सब पक्षी अपनी धुन में ।
रिमझिम पानी के मौसम में
अपना राग सुनाते हैं !
कहाँ से इतना पानी आता
कैसे नदियाँ बहती हैं।
बारिश आती बर्फ भी गिरता
आसमान में क्या-क्या है।
नीले, लाल, हरे और पीले
फूल कहाँ से आते है।
छोटे सपने, छोटे हाँथ
छोटी आंखे, ख्वाब बड़े ।
चकित हैं हम भ्रमित हैं हम
कैसे इन सब को समझें

16. कुछ कहना सुनना

कुछ कहा भी नहीं, कुछ सुना भी नहीं
बिखरे यूँ टूट कर , कुछ बचा भी नहीं।
जंगलो की कहानी पुरानी हुई
अब ये किस्से शहर के है दोस्तों ।
भागते दौड़ते दिन निकलते गए
किससे किसका सुनाए सितम दोस्तो।
नाग फनियों सी यादें कसकती हुई
खून छलका नहीं और बहा भी नहीं।
बात किस्मत की करते रहे हैं सभी
और किस्से बनाते रहे है सभी।
सिरफिरी इन हवाओं का क्या कीजिए
वक्त बेवक्त आती रही है ये भी ,
प्यार की खुशबुएँ, ओस की बूँद सी
होठ भीगे नहीं, प्यास भी बुझी नहीं

17. मिट्टी के घर में

मिट्टी के घर मे हम
बने है फौलाद से ।
आँखों में नए सपने है
आने वाले युग के
छोटे हाँथ भले हो लेकिन
आसमान को छू लेंगे
निश्चल हँसी हमारी पर मत जाना
ऊँचा आसमान छोटे-छोटे पग
से हम पा ही लेंगे
यही सीढ़ियाँ आने वाले
जीवन का संबल होंगी
दोगे साथ अगर तुम मेरा,
रास्ता हम खुद बना लेंगे
आओ चलो खेल लें थोड़ा
खेल-खेल में ही कुछ सीखें
आखिर हम भी तो भारत
की भावी संतान हैं
हम भी दिखला देंगे की
हम भारत के नौनिहाल है।

18. ज़िन्दगी

कोई क्या करेगा मेरे गम का हिसाब
मैंने मरने का समय भी हँसकर गुजारा।
काश ज़िन्दगी समझ पाती,
कहाँ मिलता है,
कोई अब समझने वाला,
अपने आप ही अपने को समझाते हैं
ए ज़िन्दगी बहुत पास से देखा है तुझे
कीमत ज़िन्दगी की चुकानी ही पड़ती हैं।
बोलने की भी, चुप रहने की भी
हँसने की भी, साथ ही रोने की भी।
ज़िन्दगी क्यूँ उदास होती है
अपने से ही कह कर समझाते रहिए ।

19. मीठे सपने

रात सपने में बचपन देखा
खुद को अपने से ही लड़ते देखा
'फिर लौट कर बचपन के ज़माने नहीं आते।
जब छोटे-छोटे पाँव में गाँव बड़े लगते थे।
बड़े-बड़े शहरों में सब सुविधाओं में
छोटे-छोटे सपने कब बड़े हो गए।
पूरे हुए न हुए हम अधूरे रह गए।
पेपर जब देने जाना कुछ मीठा खाना
मिठाई न सही चीनी खा कर जाना
पुरानी खिड़की से लगा झाँक कर देख लिया
आटे के मीठे गुलगुले खा कर जाना ।

20. सब्जी, फल और चेहरा

कभी देखा है सब्जी फल काटती
एक औरत का चेहरा
खुद में ही खोई सी
सकुचाई सिमटी सी
हर सब्जी को उसके ही
नाम से काटती हुई
पके बीजों को हटाती
सब्जी के पत्तों की
परतों को हटाते हुए
जिन्दगी के हर पल को
टूटे हुए ख्वाबों में सजाती
प्याज को काटती
आंसू बहाती, मुंह पोंछती,
फिर खुद को समझाती
सब्जी ही तो है, बनाना भी है
मसाले साथ प्यार का तड़का
भी लगाना ऊपर से सजाना है
सोचती शायद मन ही मन है
सब्जी पूरी है, हलवा पूरी है
फिर नींद क्यूँ अधूरी है

21. सीढ़ियाँ

जीवन की एक-एक सीढी
गिनते हुए ऊपर चढ़ते जाना
कभी मन करता है
एक किताब लिखी जाए
जो तुम से शुरू हो कर
तुम पर ही खत्म हो जाए
एक एक सीढ़ी चढ़ते जाना
फिर पीछे मुंह कर देखना
वहाँ क्या छोड़ आए
पर ये बात बहुत देर से
समझ आना, पीछे कौन रहा
बीती बातों को बहुत
सम्हाल कर रखना
उम्र गुजारती इन्हीं यादों के सहारे
ज़िन्दगी इन्द्रधनुष सी है
कभी सोचो एक बच्चा
या वृद्ध व्यक्ति
या कोई पक्षी या जानवर
सीढ़ी पास दुबका बेठा
अनमना सा बारिश में भीगा,
ऊपर देखता नहीं पता या
सोंचता शायद कि
पीछे क्या छोड़ आए
ऊपर क्या ले आए
या क्या छोड़ आए

22. हम जानते हैं हंसना भी

कजरारी आँखों में
सपनों का मेला
आँगन में खेलती बिटिया
बड़ी हो गयी
छोटी-छोटी खुशियाँ हैं,
छोटे-छोटे गम
हँसते हैं गाते हैं,
कभी रोते हैं हम
लौट कर आ पायेंगे क्या
फिर सुनहरे दिन
दीप-बाती सा हमारा साथ
जीवन आँधियों का खेल
पायलों की बेड़ियाँ और
कंगनों की हथकड़ी में
घर के बंधनों में
कैदी सा सजाया है ।
फूलों से सजा ना पाओ
बेटियों की राह अगर
काँटों भरी बेड़ियों से
न इनको सजाइये
चिलचिलाती धूप में आँखों
में आंसू की कुछ बूंदें
तितलियों सी खूबसूरत
अनगिनत ख्वाहिशें
हाथों में किताबों की जगह झाड़ू
और हम खो देते हैं
अपना बचपन फिर भी
हम जानते हैं हँसना भी ।

23. ये जीवन है

ये जीवन है, जब सबने मुझे
अनसुना कर दिया तब
मैने लिखना शुरू कर दिया।
जिन्दगी भी एक सड़क की तरह है
कभी सपाट तो कभी ऊबड़खाबड़
हर मोड़ पर एक नया मोड़
कैसे बचना है ये खुद ही
समझना और तय करना है।
जिन्दगी जब मझधार में हो
तब लगता है जीवन बहुत अनमोल है।
जब रोने का मन करे
पर रो भी न सको
और आँसू न निकले।
दर्द सहना जब आ जाए तो
समझ लेना जीना आ गया।

24. गलतफहमियां

लोग गलतफहमियाँ पाल लेते हैं
की सब कुछ उनकी मुठ्ठी में हैं।
पर समय कहाँ बीत गया
मन को समझानें में।
बचपन में हम बस
दुनियाँ देखते और सपनों में जीते,
सपने कहीं खो जाते हैं
सब को खुश रखने का सपना पालते
सुनना, देखना, छूना, स्वाद,
महसूस करना, हंसना और प्यार,
पर सपने तो सपने है
कब पूरे होते हैं,
जिन्दगी का गलतफहमियों से
बड़ा कोई दुश्मन नहीं
जीने का तरीका अलग, आदते अलग
पर चेहरे पर चाहें झूठी ही सही
पर मुस्कान तो रखनी ही है ।

25. चश्मा

चश्मा लगाने से निशान पड़ जाते
आँखों के नीचे, चारों ओर काले
चश्मा लगते ही सोचने का
तरीका भी बदल जाता है
हर रंग के फ्रेम जिसे जो पसन्द
सबका जीने का तरीका अलग
आदतें भी अलग होती हैं
काश कोई भरोसे का चश्मा होता
हम समझ परख सकते दूसरे को
कोई भावनाओं का चश्मा होता
हम मन पढ़ सकते किसी का
काले ग्लास का चश्मा जो सारे भावों
को अपने अन्दर समेट लेता है।

26. बचपन

खुश रहना दिखाने के लिए
कितने गमों को छिपाना पड़ता।
शब्द रह जाते सब अनकहे
दर्द छिपाते - छिपाते ।
जाता हुआ समय ले जाता
अपने साथ सारे सपनें ।
बीता हुआ बचपन
जो कभी लौट कर नहीं आता ।
वो बचपन के खेल
वो पुराने कपड़े से गुड़िया बनना ।
टेढ़े मेढ़े हाथ, मुड़े हुए पैर
वो जमाना टैडी वियर,
बारबी गर्ल का नहीं था
बड़े बड़े आंगन में छोटी छोटी खुशियाँ
अपनी ही आवाज को बोल कर
वापस सुनना और खुश होना
कोयल की आवाज उसकी ही
स्वर में स्वर मिला कर बोलना
अब न बड़े कमरे हैं, ना वो आवाज़े
पुराने कपड़ों को भर कर सिल कर
गेंद बनाना दिखाना खेलाना
बस इतनी ही यादें है मेरी।

27. मन का बच्चा

अपने अन्दर के बच्चे को जिन्दा रक्खो
किस्मत की भी चाभी होती है।
नए-नए ख्वाब आँखों में सजाये रक्खो
होगे पूरे ख्वाब यह अहसास बनाए रक्खो।
जो भी दिया, जितना भी दिया
ऊपर वाले का शुक्रिया अदा करो।
बहुत मुश्किल है भूलनी बातें
दिल को कह-कह ही समझाया करो।

28. डर

डरने की एक आदत पड़ जाती है
डर में डर-डर कर बात करने का डर
पिता का डर, एग्जाम का,
छोटों का भी डर
तुम हमेशा ऐसा कहते हो
इस हमेशा का डर
पारिवारिक तानें, सामाजिक तानें
जो अन्दर तक तोड़ देते हैं
अगर हम कहते है हम डरते नहीं
ये भी हम डर कर कहते हैं
क्योंकि हम उसका हिस्सा बन चुके हैं
कुछ लोग अपने दाँतों को कस कर
बन्द कर लेते हैं
ये सच ना कह सकने का डर
डरोगे तो डर और डरायेगा
जब डर हमें डराता है तो
अपनी ही परछाई से भी डर लगता है।

29. चिड़िया

पंख मिले तो चिड़िया
ने भी उड़ना सीखा
पर फैला कर इधर-उधर
सब ओर निहारा
आजादी का मतलब भी
कुछ समझ न आया
क्या खोया, क्या पाया
का कुछ मर्म ना भाया
जरा-जरा सा जो कुछ
बिखरा उसे समेटा।
बाट तराजू लेकर
मन को तौला
पर मन तो मन है
कब किसकी सुनता है
हँसी खुशी न जाने
कब कहाँ खो गए

30. मैं तितली - उड़ने को तैयार

चकित भ्रमित न उल्लास से भरी
देख रही जग को कभी तन को ।
नयनों की वाणी से व्यक्त करती भाव
रंगो की महक साथ खुशबू का भार ।
नयी उमंग लिए उड़ने को नव पंख
कुछ सहमी सी कुछ सकुची सी
नयनों में अनजाना प्यार लिए
सपनों का लिए संसार जाने क्या सोंचती
आगत-विगत सपनों में खोयी
उड़ने को व्याकुल पर डरी सी ।
सहमी सी नव जीवन की शुरुआत
शायद सोंच रही सफर है कठिन
पर डगर है लम्बी
ऊपर आकाश विस्तृत, नीचे अपार धरती।
हर तरफ कोलाहल, कलरव, हलचल
तौलती नव पंखों का भार ।
झील, नदी, ताल, तलैया
करेंगे सबको पार
ढूँढती और किसी का साथ
कि आओ चलें सैर को आज
लिए सपनों का नव संसार।

31. अपने से मुलाकात

शीशे के सामने खड़े होकर
कमी अपने से करो मुलाक़ात।
आइना कब किसको सच बता पाया ।
हर तरह अपना ही चेहरा नजर आया !
चेहरे पर गिरते हुए बालों को धीरे से हटाओ
चेहरे पे हल्की सी मुस्कुराहट लाओ
होठों पर थोड़ा सा कंपन लाओ
आँखों में थोड़ी चमक लाओ
शीशे को कम, अपने को ज्यादा देखो
अपने गाल को थपथपाओ और
सोचो सबसे आसान है
'जिन्दगी से हार जाना फिर
'आत्म मन्थन करो,
आत्म विश्लेषण करो
दोनों हाथों को कस के
पकड़ कर रखो
स्वयं ही महसूस करो कि
परिस्थितियां कैसी भी हो
तुम अपने को हारने नहीं दोगी ।

32. आवाज़

जब करता सब ऊपर वाला
फिर इसमें मेरा दोष कहाँ ।
कल रात अपने सारे गम
खुद को ही सुना दिए मैंने।
आज मैं चुप हूँ कि सारे
सपने भुला दिए मैंने
कहने को बहुत कुछ था
कहते मगर किससे ।
सुनते हैं से दर्द कम
हो जाता है कहने से
पर कब, क्यों और कैसे
यह सोचते ही जीवन बीत गया
कुछ आवाजें सुनाई देती हैं
जैसे बुला रही है और
कुछ कहना चाहती है।
खुद ही अपने से कहते-मनाते
मन को समझा लिया
जैसे बरसात में घर का
दरवाज़ा फूल जाता है
मौसम बदलने के साथ
खुद ही सम्हल जाता है।

33. जागरण

मैं भोला भाला आँखों में
विस्मय का भाव लिए
दुनियाँ के दाँव-पेच से अनजान
हाथों में हाथ लिए
आगत विगत सपनों में खोया
उठा तो दिया है
जग तो जानें दो
लम्बे जागरण के बाद
उबासी तो आती ही है
सुस्ती तो उतार लूँ
अँगड़ाई तो ले लूँ
अभी तो उठा हूँ
दुनियाँ तो देख लूँ
जागरण का अर्थ भला
मैं क्या बताऊँगा
अभी तो सब गोल है
दुनियाँ भी गोल है
मैं भी गोल हूँ।

34. ए मन

ए मन मुझको अपने मन की
बात जरा कह लेने दे
अपने-अपने है सबके दुःख
सबकी अपनी सीमाएँ है
कितने ख्वाब सजा लो तुम
लगता सब कुछ बेगाना है
कैसा बसंत, कैसा पतझड़
अपनों के खो जाने का गम
बाहर हो कितना कोलाहल
भीतर से उतना खालीपन
कितने ही मीत बना लो पर
क्या बाँट सकोगे अपना गम
क्यों, क्या, कैसे में उलझे तुम
खुद से ही खुद को समझा लो ।

35. कलम

कलम उठाई आज बहुत दिन बाद
पर मन कुछ समझ न पाया |
बार बार सोचा क्या लिखना है
एक बार, दो बार, तीन बार, बार-बार।
पर मन को बाहर तो ला पाना है कठिन
छोड़ दो, जाने दो ना बीते उस वक्त को ।
मैं हूँ मेरा पागलपन है
साथ में है मेरी तनहाई ।
जो मेरे बातें सपनों को
मेरे साथ जिन्दा रखती है।
पैन को कस कर पकड़ने
की कोशिश करती हूँ |
शायद कुछ लिख सकूं
जिन्दगी संदल के पेड़ जैसी हो गयी है ।
जिन्दा है तो छाँव
मर जाएँ तो खुशबू ।
जिन्दगी में जिन्दगी को जिन्दा रक्खो
शौक बनाए रक्खो ।

36. एलबम

आज पुराना एलबम हाथ लग गया
पुरानी सारी बातें एक चलचित्र की
तरह याद रह जाती है
जो कभी लोट कर नहीं आती
पुरानी फोटो पूछती हैं
अब कैसी हो ।
लगता है पुराने ज़ख़्मों को
जिन्दा कर रही है
एलबम की जगह अब
फेस बुक ने ले ली है।
हर अगले पल अपना
रूप बदल कर आ जाती है
स्मृतियों को एलबम में कुछ
चेहरे नजर आते हैं।
भूले बिसरे जिन्हें स्मृति
पट पर लाने की
कोशिश करती हूँ
फिर उन्हें पुराने जरूरी कागज़
की तरह समेट कर रख लेती हूँ

37. घोंसला

घोंसला बनाते कभी चिड़िया को देखा
एक-एक तिनका जोड़ना
बेकार पड़े कूड़े के ढेर से
घास के तिनके चुनना
अपना आशियाना बनाना
एक-एक पंख उठाना सजाना
मेरी खिड़की में हर बार
नया घोंसला दिखाई पड़ना
जब तक मैं सोचूं कि हटा दूंगी
फिर आपस में लड़ते-झगड़ते
एक नया घोंसला बन जाना
अँडे और फिर बच्चों की आवाज
के साथ मैंने सोचना छोड़ दिया
कि इसे हटाना है क्योंकि वह
मेरे घर के खालीपन को भरता
उनका अपना आशियाना है।

38. पिंजरा

हो चाहे सोने का पिंजरा तो पिंजरा है
मुठी में रेत-सा समय कहाँ बीत गया।
मन कहाँ रीत गया, विस्त्रत आकाश में
पिंजरे को खोल दो पक्षी को छोड़ दो
खिड़कियां तो बन्द है पर शोर
बहुत करती है पिंजरे में बन्द पक्षी को
कौन याद करता है
याद वही आते है जो उड जाते है
तोते का पेड़ो पर बोलना
अपनी ही मस्ती में चहचहाना
पिंजरे में कैद तोते को जितना
सिखाया गया उतना ही बोलना

39. नए अरमान

आँखों में नए अरमान सजे
कहने को नया संसार लिए
होंठों पर भले ही उंगली हो
चेहरे पर पुता हो रंग भले
चाहें हरा-हरा हो या लाल-लाल
माथे पर रोली चावल हो
सिर पर पगड़ी भी सजती हो ।
गरदन में भारी हंसली हो
कानों में भले ही झुमके हो
उत्साह, उल्लास भरा दिल हो
फागुन का मस्त माहौल सजा
मम्मी-पापा, भईया-दीदी
दादा-दादी, नाना नानी
मैं सबको खूब छकाऊँगा
न कोई आज मुझे रोके
मैं होली खूब मनाऊँगा
हम साथी संगी मिल कर
खूब हड़कंप मचायेंगे।

40. समय से पहले बड़े हो गए

भैया मम्मी कब आयेंगी
कितनी देर हो गयी भैया ।
ऑफिस कब का बंद हो गया
भैया असमंजस में खोया ।
बहना को कैसे समझाएं
पापा शायद क्लब में होंगे ।
मम्मी बस आती ही होंगी
भैया खुद ही समझ न पाए
बहना को कैसे समझाए
अपना बचपन भूल
बहन का भार सम्हाले
समय से पहले ही बड़े हो गए।

41. हालात

हालात सिखा देते हैं
सब कहना और सुनना
जो दर्द नहीं बाटा जाता
चुपचाप उसे सहना पड़ता
कहने को बहुत कुछ है
उस मोड़ पर है जिन्दगी
कोई सुनता नहीं कोई समझता नहीं
उठा कर देखा है मैंने
पुराने पड़े पन्नों को
बेइंतहा शिकायतें चुप पड़ी
कुछ अपने से कुछ अपनों से

42. बदलता समय

मन करता है लौट चलें फिर
फूल पत्ती तितलियों से बात करें।
बारिश के बाद वीरबहूटी को
पकड़ एक शीशी में बंद कर दे।
खामोशियाँ अन्दर तक
अकेला कर देती हैं।
जीवन को हमने देखा है
लोगों को नए साल की तरह बदलते।
बस एक गिनती ही तो बदलती है
फिर वो जीरो हो या एक
क्या फर्क पड़ता है।

43. शतरंज की गोटी

शतरंज के खेल जैसी हो गयी जिन्दगी
गोटियाँ उठाते चलते डर लगता है ।
शह और मात में कौन, कब, क्या बोल दे
शब्द अन्दर तक तोड़ देते है मन को
जब मन ठीक न हो और
कोई ये पूछे कैसे हो
काली सफेद गोटी, हाथ में लेकर
सोचना कहाँ कौन सी चाल चलनी है
जीत और हार तो बाद की बात है
मन को समझाना है कि खेल तो खेला है।
शतरंज के खेल में एक बात अच्छी है
कि अपने अपनों को नहीं मारते
शतरंज की गोटियाँ ही खेल की पहचान हैं

44. मुखौटा

लोग चेहरे पर मुखौटे लगा लेते।
मुखौटे साथ उनकी
भाषा भी बदल जाती
हँसता, रोता, चिढ़ता, चिढ़ाता
रूठता मनाता।
हर ओर रंग बिरंगे चेहरे
रावण के दस सर
पर सब एक से
मर्यादा में वे रहते
इंसान मुखौटा बदलता
एक हटाने के बाद तुरन्त
आ जाता है दूसरा चेहरा
घर का मुखौटा अलग
और बेड रूम का अलग
ड्राइंगरूम का अलग
ये सबके साथ होता
स्त्री हो या पुरुष।
बदलते मुखौटे ही
हमारी अपनी पहचान है।

45. मिट्टी के घरौंदे

आओ फिर मिट्टी के घरौंदे बनाए जाए।
पैर बालू में फंसा के निकाले जाए।
फिर जो घर बने फूलों से सजाया जाए।
रास्ता छोटा ही सही मन का बनाया जाए।
सफर छोटा ही सही हौंसला रखा जाए
कागज की नाव पानी में चलाई जाए।
प्लेन कागज के बना कर उड़ाए जाए
जामुन, अमरूद पेड़ो पर चढ़ कर तोड़ें जाए।
कमरख कैथा, जंगल जलेबी
निराले स्वाद संग
जिन्दगी क्यों न फिर से जी ली जाए।

46. दिया - बाती

दिया बाती सी है ये जिन्दगी
कौन जलता है अधिक
जलती तो घी तेल से है
बाती जलती कभी तेज लौ से
कभी धीमी लौ से
जिन्दगी भी चलती तो सांसो पर
कभी हंसाती, कभी रुलाती
जैसे बाती जलती तो घी से
पर बचाती खुद को कभी हवा
से कभी पानी से पर
जीवन तो जीवन है चलता है

47. रोटी दो वक्त की

ये दो वक्त की रोटी सिखा देती है
इंसान को जिन्दा रहने का तरीका।
अपने साथ अपनों की पहचान
पुराने बंद पड़े दरवाज़ों सा
शरीर का आवाज करना
अपनी पीठ को अपने आप थपथपाना
सर, गला, हाथ पैर, उंगली, अंगूठा
सबको चलाते रहना बैठे बैठे ही
दिमाग को अपना काम करते रहना
और फिर यादों की झड़ी लगना

48. चलना

अकेले चलने में एक आत्मविश्वास होता है
दूसरे की उंगली पकड़कर चलना
बताता है हम कितना चले
अपना हाथ दूसरे हाथ में
पकड़ कर चलना
साइकिल चलाने का हुनर सीखना
पहले हेन्डिल पकड़ कर चलना
गिर कर उठना, फिर गिरना
गद्दी पर बैठ पैर न पहुँचना
फिर अपने को सम्हालना
साइकिल सहित खुद को सम्हालना

49. भवरौं की टोली

कली-कली खिल उठी
फूल-फूल महक उठे ।
बासंती बयार चली
भवरे भी चहक उठे
लेने पराग का रस
फूल-फूल कली-कली
भँवरों को टोली चली
गुनगुन कुछ कहती हुई
नव विकसित फूल से
मधुर उमंग ले
सपनों के पंख खुले
तितली भी साथ चली
फूलों की खुशबू से
भँवरे और मस्त हुए

50. डू नाट डिस्टर्ब

लोग "डू नाट डिस्टर्ब" का
लगा लेते हैं लेबल।
कितने होते हैं वो
अंदर से डिस्टर्ब
चुप रहना किसी प्रकार
की हलचल नहीं
अपनी बात खुद ही
अपने से करते रहना
सही-गलत का फैसला
भी खुद ही करना
'डिस्टर्ब' होना भी कई
तरह का होता है
दरवाजे पर डू नाट डिस्टर्ब
लिखना लोगों को बाहर ही रोकना ।
पर 'मन के दरवाजे' पर
क्या-क्या बातें आती है
उनको रोकना क्या सम्भव है
उनको तो आना ही है
जितना रोकने की कोशिश करो
उतना ही दिमाग को मथती है
मिक्सी में पड़ी दही की तरहा नहीं
मथानी से चलाती धीरे-धीरे
दिमाग को चलाती मथती ।

51. चिट्ठियाँ

कहाँ खो गईं वो चिट्ठियाँ
जब से हम दूर-भाषी हो गए
कुशल मंगल, हम ठीक, तुम ठीक
बड़ों को प्रणाम, छोटों को प्यार
मुड़े हुए तार में चिट्ठियाँ फसाना
फिर बार-बार निकाल कर पढ़ना
जब तार आना और
नाम से ही डर जाना
क्या हो गया? क्या लिखा? क्यों आया?
पोस्टकार्ड का कोना कटा होना
मतलब शोक संदेश आना
पढ़कर जिसे बाहर ही फेंक देना
और मन का सिमट जाना
बच्चे की जन्म की खुशी से
जिनमें लिखने के
सलीके छुपे होते थे
माँ-पिता की तबियत का दर्द
बच्चों का भविष्य
डाकिया का चिट्ठी लाना
लेटरबाक्स में डालना
उसके बाद इंतजार,
अभी तक जवाब नहीं आया
मन हीं मन दिन गिनना
अब तक जवाब आना चाहिए था
कितना कुछ सिमट जाता था
एक पत्र में
अब तो लगता
सब सिमट गया मोबाइल में
स्पेस भर जाए तो

सब गायब हो जाता
केवल दो ही मिनट में
फिर तुम ढूँढ़ते रहो
क्या लिखा था।

www.ingramcontent.com/pod-product-compliance
Lightning Source LLC
Chambersburg PA
CBHW040134150726
48005CB00015B/2501